« Vroom ! 1,2,3, c'est parti ! »

W0412579

A CAPPELLA
POUR FLEURUS

Direction éditoriale : Christine Pedotti
Coordination éditoriale : Sarah Malherbe
Édition : Sophie Cluzel et Anna Guével
Direction artistique : Élisabeth Hebert, assistée d'Amélie Hosteing
Illustration de couverture : Fred Multier et Alexandre Roane
© Groupe Fleurus, Paris, 2008, pour l'ensemble de l'ouvrage.
Site : www.editionsfleurus.com
ISBN : 978-2-2150-4714-8
N° d'édition : 08022
Tous droits réservés pour tous pays.
« Loi n° 49-956 du 16 juillet 1949 sur les publications destinées à la jeunesse. »
Photogravure : Point 4
Achevé d'imprimer en février 2008 par SNP Leefung en Chine
Dépôt légal : mars 2008

Vroom!

5 histoires qui roulent

Sommaire

Pimpon, le camion de pompier

Pimpon le camion de pompier fait une petite sieste pour se reposer de sa dernière mission.
Ses yeux commencent à se fermer lorsqu'il entend :

« Au feu, au feu ! »

« Oh non, pas maintenant, j'ai trop sommeil », soupire Pimpon.

C'est papa et maman Hirondelle. Ils volent à toute vitesse en direction de la ferme. Cette fois, Pimpon ouvre les yeux pour de bon.

Pin-pon, pin-pon !

Pimpon fait clignoter son gyrophare bleu.
Il fonce à toute allure sur la route de la ferme.

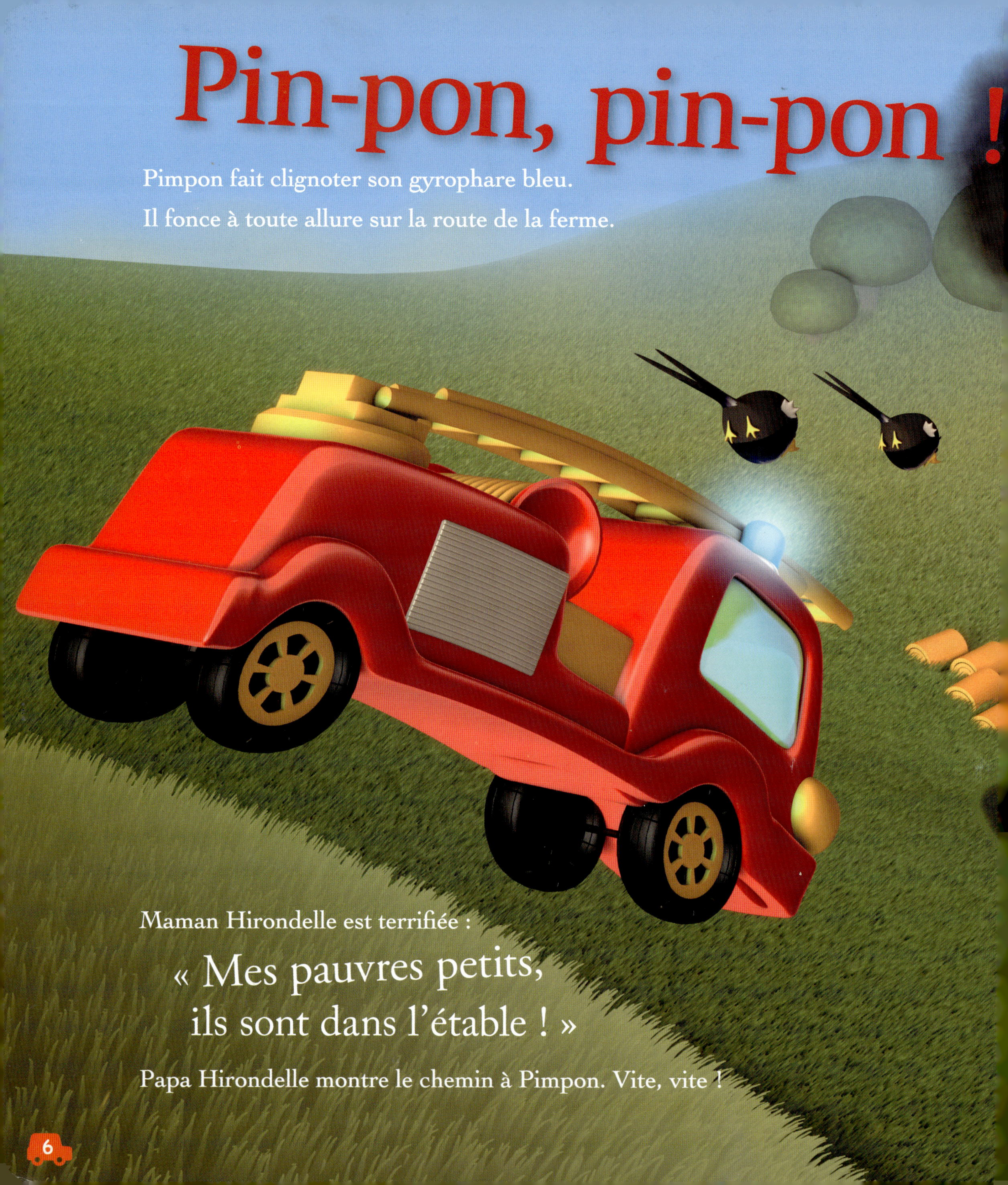

Maman Hirondelle est terrifiée :

« Mes pauvres petits,
ils sont dans l'étable ! »

Papa Hirondelle montre le chemin à Pimpon. Vite, vite !

L'étable est enveloppée de gigantesques flammes
et une épaisse fumée s'échappe du toit.
Les animaux sont affolés.
Le fermier et sa femme jettent des seaux remplis d'eau,
mais ce n'est pas assez.
Quand ils entendent la sirène de Pimpon, ils sont soulagés.

« Ouf ! Nous sommes sauvés ! »

Tout en haut du toit, les bébés Hirondelle piaillent dans leur nid :

« Au secours, au secours,

Papa, Maman, venez nous chercher… »

Vite, vite, Pimpon déroule sa grande lance à incendie.

Pimpon ouvre son robinet.

Pfffffft

l'eau jaillit si fort qu'elle fait reculer Pimpon.

Il avait oublié de mettre son frein ! Quelle tête en l'air !

Pimpon se remet en piste et arrose l'étable, de toutes ses forces.

Les flammes diminuent. Ouf ! Ça y est. Le feu est éteint !

Pimpon n'oublie pas les bébés Hirondelle
qui piaillent dans leur nid.

« Courage, petits !
N'ayez pas peur, j'arrive »,

crie Pimpon.
Vite, il déplie sa grande échelle,
haut, très haut, pour aller les chercher.
Les vaches, les moutons et les poules l'encouragent :

« Allez Pimpon,
allez Pimpon ! »

Tout doucement, Pimpon fait glisser le nid sur son échelle.
« Accrochez-vous ! Je replie l'échelle », dit Pimpon.
Et voilà ! Les bébés Hirondelle sont sains et saufs.
Papa et Maman Hirondelle les serrent fort
contre leur cœur. Ils ont eu si peur !
Toute la ferme acclame le courageux petit camion :

« Hourra, hourra, vive Pimpon ! »

Quelques jours plus tard, c'est la fête. Dans la cour de la caserne, monsieur le maire accroche une belle médaille brillante sur le pare-chocs de Pimpon :

« Pimpon, je te nomme chevalier de l'ordre des Camions de pompier ! »

Tout fier, Pimpon fait le tour de la caserne sous les applaudissements des invités. Puis il va s'installer... devinez où ? Au soleil, pour une petite sieste bien méritée !

Robert,

le 4 x 4

Ce matin-là, Robert le 4 x 4 a reçu une lettre de sa cousine Fifi la Jeep.

Elle l'invite à venir la voir en Afrique, pour faire un safari !

Robert fronce ses essuie-glaces.

« En Afrique ! Un safari !
Quelle drôle d'idée !
Je suis un 4 x 4 de ville, pas de savane ! »

Mais Robert ne veut pas faire de peine à sa cousine Fifi.

Alors, il remplit son coffre et vroum ! s'en va prendre l'avion.

Arrivé en Afrique, Robert relit la lettre de Fifi :

« Prends la piste qui se trouve devant toi, passe la rivière,
continue tout droit et tourne à gauche du baobab.
J'habite au bout de la route, juste derrière. »

Robert soupire.

Il a peur de se perdre et, en plus, la piste n'est pas goudronnée.

La poussière vole autour des roues et se colle au pare-brise.

Beurk !

Robert roule et rouspète :

« Je serais mieux à siroter un verre d'essence à une station-service. »

Pourtant… il aime bien le vent chaud qui agite son antenne.

Robert arrive à la rivière.

Il tourne le volant à gauche, à droite…

Il n'y a pas de pont pour traverser !

« Quoi ! Je vais devoir mouiller mes roues ?

Beurk ! »

Une fois dans l'eau, il se plaint : « En plus, elle est froide…

Haaa ! Un crocodile ! »

Vite, Robert donne un grand coup de klaxon, appuie sur l'accélérateur et arrive sain et sauf sur l'autre rive. Il a même fait peur au crocodile qui s'en va en claquant des dents. Robert rit. Ce n'était pas si mal, cette petite baignade !

Robert roule toujours. Il cherche le baobab et… aperçoit un gros chat !

« Bonjour, je suis Gaspard le guépard.

On fait la course jusqu'au baobab là-bas ? »

La course ? Robert n'en revient pas.

En ville, faire la course c'est interdit.

« D'accord. 1,2,3, c'est parti ! »

Gaspard court vite, très vite, mais Robert roule à toute vitesse : l'arrivée n'est plus très loin, il voit le baobab,

YOUPI ! C'est gagné !

Gaspard est beau joueur. « À demain pour la revanche, d'accord ?
– D'accord », lance Robert qui fait marcher ses clignotants pour montrer qu'il est content. Le voilà donc devant le baobab. La maison de Fifi ne doit plus être très loin.

Robert roule, roue de secours au vent, quand **SPLASH,**
il atterrit dans une énorme mare de boue.
« Oh non ! C'est dégoûtant. »
Robert a de la boue jusqu'au capot.
Soudain, un hippopotame s'approche de lui :
« Mais non, c'est rigolo d'être plein de boue.
Roule-toi dedans, tu ne pourras plus t'en passer. »
Robert hésite. Oh ! Et puis tant pis.
Après tout, c'est les vacances !
Robert patine dans la boue, se jette dans les flaques,
éclabousse tout le monde.

« Mais que va penser Fifi ?
dit Robert en sortant de la mare.
Il faut que je me lave !
– Demande à l'éléphant »,
répond l'hippopotame.
Robert klaxonne de rire.
« Un éléphant ?
Comment pourrait-il m'aider ? »
Mais soudain, une douche fraîche l'arrose
du toit aux roues. C'est l'éléphant
qui l'asperge avec sa trompe.

« Oh ! s'étonne Robert.
Que c'est agréable !
Oh, ça chatouille ! »

Et c'est tout propre que Robert le 4 x 4 a repris la piste. Juste au bout, comme promis, il a trouvé le campement de sa cousine Fifi la Jeep.

Depuis, il se murmure en ville qu'il existe dans la savane un 4 x 4 bleu qui prend chaque jour un grand bain de boue.

C'est la terreur des crocodiles, le champion des guépards.

Et pour rien au monde il ne rentrerait en ville !

Spidy,
la petite moto pressée

Spidy est une petite moto qui a tout ce qu'il faut : un guidon qui brille, un moteur qui fait « vroum »… et une magnifique carrosserie rouge.

« Qui veut faire la course avec moi,
qui veut faire la course avec moi ? »
demande Spidy, tous les matins, en faisant le tour du quartier.

« Moi, je veux bien », répond Scooty, son ami le scooter.
Scooty est bien trop vieux pour gagner, mais il veut faire plaisir à son amie.
Et chaque fois, elle arrive la première.

« Vroum !
Place à Spidy, la petite moto pressée ! »

Spidy ne s'en lasse pas :

« Qui veut faire la course avec moi,
qui veut faire la course avec moi ? »

Cette fois, c'est Moby la jolie Mobylette coquette qui veut bien essayer. Mais comme toujours, Spidy arrive la première :

« Vroum !

Place à Spidy, la petite moto pressée ! »

Un jour, une grosse voix qui tombe du ciel déclare :

« Moi, je veux bien faire la course avec toi »,

Spidy lève la tête :

Mona, une énorme motocross noire, la regarde.

Avec des grandes roues pleines de boue

et un moteur qui lui casse les oreilles.

« Euh, vraiment ?

demande Spidy, impressionnée.

– Oui, on m'a dit que tu étais la moto

la plus rapide du quartier !

– C'est vrai. Allons-y !

Vroum!

Place à Spidy,

la petite moto

pressée ! »

Les deux motos partent en même temps.
Mona la motocross se dirige vers le terrain à bosses.
Spidy crie : « Non, tu triches : la course, c'est sur la route ! »
Mais Mona fait semblant de ne pas entendre !
Le terrain est glissant. Tant pis ! La petite moto se lance...
Spidy fonce, Spidy accélère, Spidy a presque rattrapé Mona…

Mais au dernier virage,

patatras !

Elle dérape dans une grande flaque de boue.

Et Mona arrive la première.

« C'est pas juste ! » dit Spidy,

et elle retourne tristement à sa place de parking.

Maintenant, c'est Mona qui fait la course avec Scooty et Moby.

« Allez, viens avec nous ! » disent ses amis.

Mais Spidy ne veut pas faire la course avec Mona, cette tricheuse !

Un jour, alors que la petite moto s'ennuie sur son parking,
un grand « Boum badaboum » retentit.
Spidy démarre, Spidy bondit, Spidy fonce vers le grand bruit,
et que voit-elle ?
Scooty, le guidon plié, la roue dégonflée, le phare cassé.
« Il a foncé dans un arbre en faisant la course avec nous,
expliquent Mona et Moby, désolées.
– Vite, allons chercher du secours ! dit Spidy.

Vroum !
Place à Spidy, la petite moto pressée ! »

Spidy fonce au garage, elle n'a jamais roulé aussi vite de sa vie.
La dépanneuse allume sa sirène : « Pinponpin ! Pinponpin ! »
Très vite, elle est sur les lieux de l'accident.
Tout le monde veut soigner le blessé : Spidy apporte une roue de rechange,
Mona, un guidon tout neuf, et Moby, un joli phare bien astiqué.
« Merci, merci, les amis ! » dit Scooty,
pendant que la dépanneuse le répare de tous les côtés.

Et la semaine suivante, les quatre amis partent sur la route et sur les bosses, pour sauter, glisser et rouler comme des petits fous.
Cette fois, dans le quartier, on les entend crier :

« Vroum !

Place aux amis de Spidy,
la petite moto pressée ! »

Citronnelle,
la voiture du facteur

Citronnelle, la petite camionnette du facteur, vibre d'impatience devant le feu rouge. Elle semble aussi pressée qu'une fusée ! Au feu vert, Citronnelle fait crisser ses pneus en démarrant.

Vroum !

Aïe ! Quelques carrefours plus loin,
elle roule si vite qu'elle grille un feu orange.
La voiture bleue des gendarmes la gronde très fort :
« Dites donc, vous vous prenez pour le camion des pompiers ?
Où est votre pin-pon ? Vous devez obéir aux lois de la circulation ! »
Les phares de la voiture jaune deviennent rouges de honte
et commencent à clignoter de peur :
« Pardon ! Je vais livrer un colis pour l'anniversaire d'un petit François.
Sa marraine, la distraite, a posté le cadeau en retard.
Si je traîne, la surprise n'arrivera jamais à temps ! »

La voiture des gendarmes fronce les essuie-glaces d'un air sévère.

« C'est bon pour cette fois, mais ne recommencez pas. »

Ouf ! Citronnelle repart sans perdre de temps.

Mais plus loin, **Zut !**
les rues sont barrées par un grand chantier.
Des pelleteuses creusent le goudron, soulevant
entre leurs dents des montagnes de terre. Comment passer ?
La voiture jaune se gratte le capot pour trouver une idée...
C'est alors qu'elle voit une grue au-dessus du chantier.
Vite, elle attrape la corde qui en descend et s'attache par les rétroviseurs.
La grue proteste :
« Hé ! Je ne suis pas un manège pour voitures de facteur ! »
Mais Citronnelle lui explique son histoire en quelques
coups de klaxon.

Gentiment, la grue pirouette sur elle-même,
fait voltiger la camionnette dans les airs
et la dépose de l'autre côté du chantier.
La voiture du facteur repart en zigzaguant un peu :
elle a attrapé le tournis !

Quelques rues plus loin, **Pan !**

Citronnelle entend une explosion. L'un de ses pneus vient de crever.
Elle sent des larmes de déception couler le long de ses vitres.
Elle souhaitait tellement apporter ce cadeau à temps !
Mais il n'est peut-être pas trop tard. Citronnelle reprend courage
et téléphone à un garage. Après une courte attente, elle pousse un cri de joie :

« Hourra ! »

Une énorme dépanneuse arrive à son secours en souriant de tous ses gyrophares !

« Merci, Madame la dépanneuse !
S'il vous plaît, ne m'emmenez pas
au garage tout de suite.
J'ai juste une petite course à faire… »

La dépanneuse est très serviable. Elle charge sur son dos la voiture du facteur, appuie sur l'accélérateur et fonce vers la maison de François. Quelques minutes plus tard, dans un crissement de pneus, elle freine devant la boîte aux lettres du petit garçon. Surpris par ce bruit, François sort de chez lui juste à temps pour recevoir son colis.

« Bon anniversaire ! »

klaxonne joyeusement la voiture du facteur.

François applaudit, ravi.

Jamais il n'avait reçu un cadeau apporté de manière aussi spectaculaire.

Il se souviendra longtemps de cet anniversaire !

Tchou-Tchou, la petite locomotive

Tchou-Tchou, la petite locomotive, et son ami Chapelon, le vieux wagon, habitent dans un hangar abandonné derrière la gare. Il n'a même pas de toit pour les protéger.

Brrrrr, Tchou-Tchou et Chapelon grelottent sous la neige ;
pffffff, Tchou-Tchou et Chapelon transpirent sous le soleil ;
ploc, ploc, ploc, Tchou-Tchou et Chapelon rouillent sous la pluie !

Tous les matins, ils entendent un sifflement.
Il se rapproche, de plus en plus fort. Attention, il arrive.
Tout tremble sur son passage. C'est le TGV.
Tchou-Tchou saute sur ses rails et sa cheminée vibre.
Les roues de Chapelon s'entrechoquent... Puis, plus rien.
Le TGV est passé.
« Il est si rapide, dit la petite locomotive, bien plus rapide que moi.
Moi, je suis trop vieille. Plus personne ne veut me conduire ! »

Et une grosse larme coule sur sa joue. Pauvre Tchou-Tchou !

Pour consoler la petite locomotive, Chapelon le wagon a une idée.

« Tchou-Tchou, écoute-moi. Et si on partait d'ici ?
Faire un voyage ? Je m'accroche à toi et zou !
on s'en va loin de ce hangar. »

Tchou-Tchou hésite. Elle réfléchit. Après tout, pourquoi pas !

Il lui reste même un peu de charbon. La petite locomotive siffle de joie.

« D'accord ! »

Sa chaudière ronronne, sa cheminée fume.

« Youpi ! Boucle tes ceintures, Chapelon, on y va »,

crie Tchou-Tchou en fonçant vers la porte du hangar qui, boum, vole en éclats. Les deux amis se lancent sur les rails et commencent une promenade dans la campagne.

Une famille de souris, une marmotte, une vache pressée s'installent tour à tour dans le wagon et écoutent les vieilles histoires de Chapelon.

Tout à coup, ils voient un long serpent en fer arrêté sur la voie.

« C'est le TGV, crie Tchou-Tchou.
Que lui arrive-t-il ? »

Timide, Tchou-Tchou passe le long du grand train.

Soudain, le TGV lui demande :

« Bonjour, petite locomotive, je suis en panne. Peux-tu m'aider ? Emmène mes passagers et dépose-les à la gare, s'il te plaît. »

Tchou-Tchou rougit de bonheur. Chapelon a déjà ouvert ses portes. Les gens montent et s'assoient. Sur le chemin de la gare, Tchou-Tchou entend les conversations des passagers.

« Comme cette locomotive est belle ! Elle me rappelle ma jeunesse.
– Et ce vieux wagon ! Que ses sièges en cuir sont beaux !
– On est si bien dedans !
– On avance doucement et on a même le temps de profiter du paysage. »

Tchou-tchou !

Attention, la petite locomotive souffle
et une belle fumée blanche sort de la cheminée.

En entrant dans la gare, Tchou-Tchou se sent soudain très fatiguée : elle ralentit et s'arrête, épuisée.

Chapelon s'inquiète :

« Tchou-Tchou ? Qu'est-ce que tu as ? »

Mais Tchou-Tchou ne répond pas.

Elle sait qu'elle n'a plus de charbon.

Elle pense : c'est fini, jamais plus elle ne roulera sur les rails.

Elle ferme les yeux…

Mais, mais, que se passe-t-il ?

Tchou-Tchou se sent regonflée, prête à bondir, à s'envoler.

On a remis du charbon dans sa chaudière.

Maintenant, elle déborde d'énergie !

Le directeur de la gare s'approche :
« Chère Tchou-Tchou, vous avez aidé notre TGV.
Pour vous remercier, je vous nomme, vous et Chapelon,
guides touristiques de notre ville.
Vous emmenerez les voyageurs en promenade. »

C'est sûr, Tchou-Tchou est
la plus heureuse des locomotives !

« Tut tut !
À bientôt
pour de nouvelles